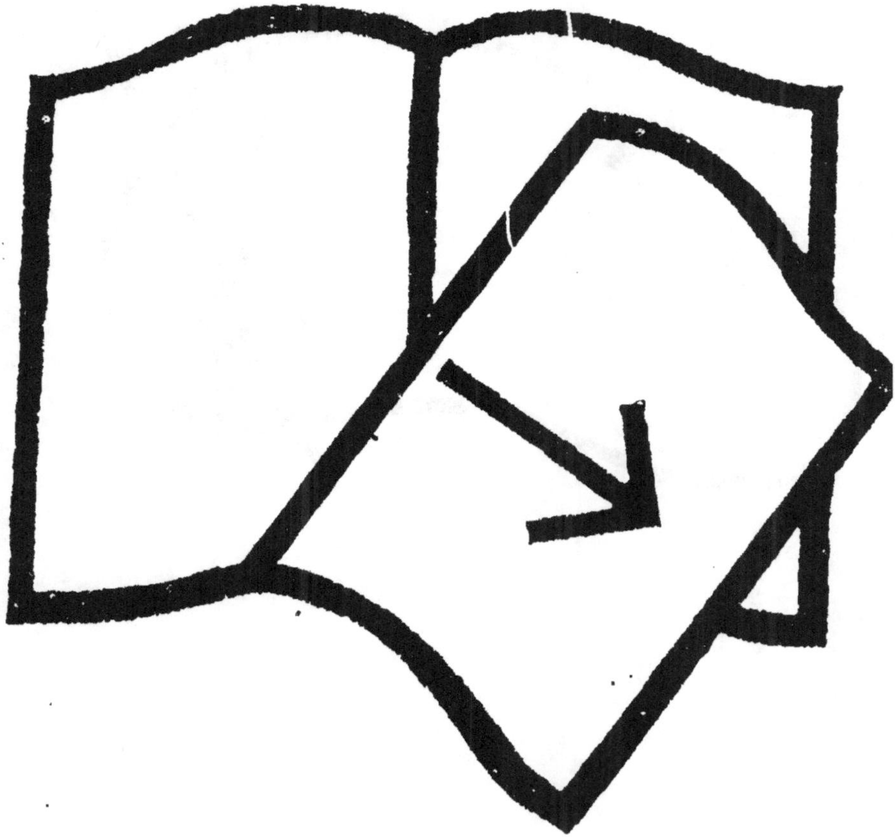

Couverture inférieure manquante

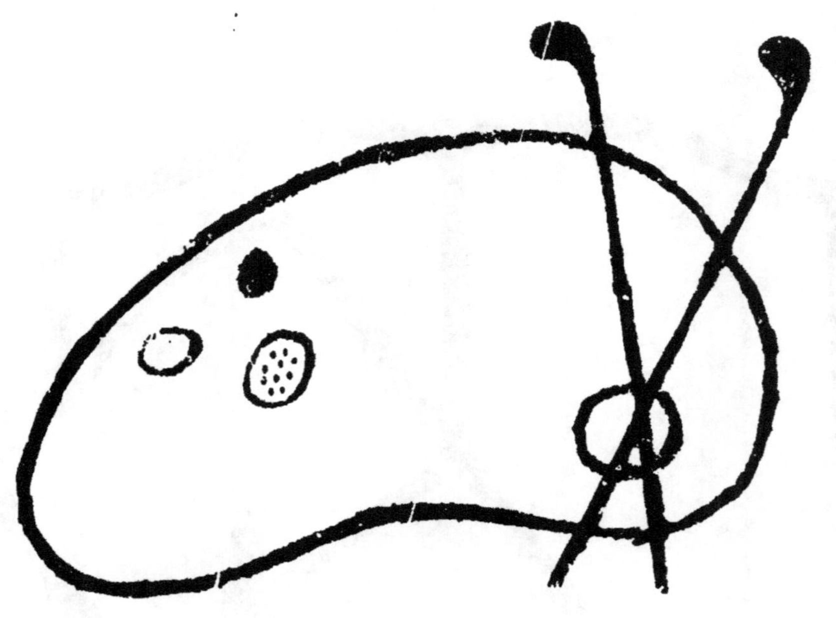

Début d'une série de documents
en couleur

L. GUIBERT

LIMOGES

A LA FIN DE LA

GUERRE DE CENT ANS

LIMOGES

IMPRIMERIE - LIBRAIRIE - PAPETERIE - RELIURE

Vᵉ H. DUCOURTIEUX

7, RUE DES ARÈNES, 7

1901

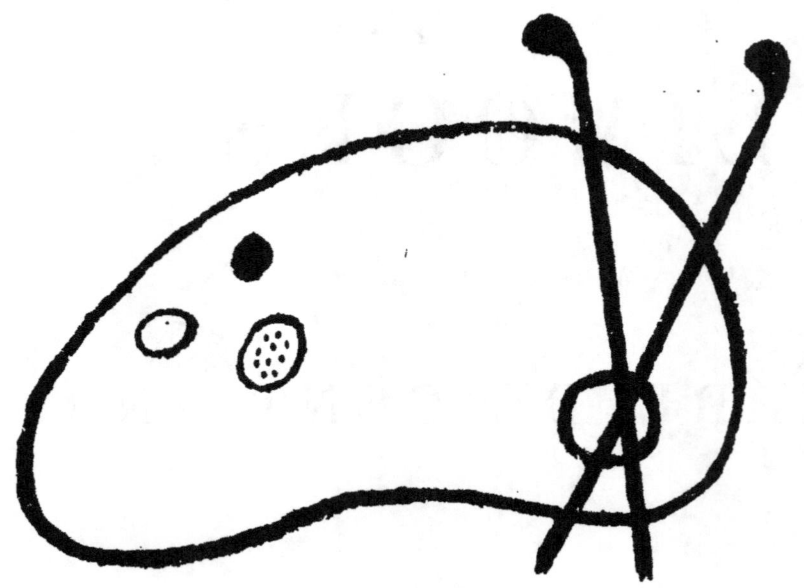

Fin d'une série de documents
en couleur

L. GUIBERT

LIMOGES

À LA FIN DE LA

GUERRE DE CENT ANS

LIMOGES

IMPRIMERIE - LIBRAIRIE - PAPETERIE - RELIURE

Vᵉ H. DUCOURTIEUX

7, RUE DES ARÈNES, 7

1901

LIMOGES

à la fin de la Guerre de Cent ans

La guerre de Cent ans fit rétrograder la civilisation chrétienne. Elle ramena la France aux troubles et aux violences du dixième siècle. De l'état de sécurité, de paix, de prospérité matérielle et d'équilibre moral dans lequel le peuple avait vécu sous les règnes de Philippe-Auguste, de Louis VIII, de Louis IX et de leurs successeurs immédiats, cette lutte acharnée entre les deux nations rivales le précipita dans des misères et des angoisses dont nous pouvons à peine entrevoir toute l'horreur. La corruption italienne n'a pas seule engendré les désordres et les crimes dont les noms des derniers Valois évoquent le souvenir. Bien des causes, au siècle précédent, les avaient préparés. A l'invasion du mal aidèrent alors le désarroi des esprits, l'ébranlement produit dans les consciences par le spectacle des scandaleuses compétitions au siège apostolique, les abus qui avaient été la conséquence forcée des schismes et des dissenssions. Cet état de malaise et de crise remontait à un temps déjà éloigné et était le résultat de diverses causes. Mais la blessure la plus profonde faite à l'âme du pays, la guerre de Cent ans l'avait portée. Elle surtout avait compromis l'œuvre d'organisation sociale et politique, de pacification et de concorde, d'unité nationale accomplie par toute une succession de grands politiques. Avec l'ordre et la sécurité avait disparu l'union. La France ne la retrouva qu'après de longues années de sanglantes épreuves.

I

Maint document témoigne de la profondeur du mal. Si le seizième siècle vit se déchaîner les passions brutales, les ambitions effrénées, les furieuses haines, le quinzième, dont les premières années avaient marqué la période la plus sombre de l'invasion anglaise, de nos déchirements intérieurs, et qui avait été témoin de la détresse suprême de la monarchie nationale, ne connut ni moins de désordres ni moins d'horreurs. Jeanne d'Arc releva l'énergie de Charles VII et de ses capitaines, rétablit la discipline dans l'armée et sauva le peuple tout entier du désespoir. Mais l'influence qu'elle exerça sur les mœurs fut passagère et limitée aux troupes qu'elle commandait et à quelques villes où elle fit résidence. La barbarie renaissante ne recula pas devant la paysanne de Domrémy ; l'époque demeura rude et violente. La pauvre fille ne put toujours réussir à dominer les intrigues qui rampaient autour du trône et qui compromirent plus d'une fois le succès de ses efforts. Elle-même du reste en fut la victime. Avant que les Anglais eussent allumé l'infâme bûcher de Rouen, les discordes s'étaient ranimées dans le peuple comme à la cour. Malgré l'action du pouvoir central qui devenait de plus en plus fort, et la tranquilité relative dont jouit la plus grande partie du royaume pendant les dernières années de Charles VII et sous le règne de Louis XI, le calme ne put se rétablir dans les esprits ni la paix dans les cœurs. Le trouble moral subsista ; les crimes se multiplièrent, et le suicide, presque inconnu au moyen âge, commença vers cette époque à devenir moins rare.

Ce n'est pas que les annales des siècles précédents n'eussent enregistré de grands crimes. Nos chroniqueurs du treizième siècle mentionnent nombre de trahisons, d'abus de la force, de pillages, de vols, d'empoisonnements et d'assassinats : ils n'ont pas jugé à propos de nous laisser beaucoup de détails sur ces faits ; mais leur simple énoncé suffit à établir que, malgré l'adoucissement général des mœurs, les instincts pervers de l'humanité n'avaient pas abdiqué partout. Il y a toujours eu et il y aura toujours des hommes dont ni la loi morale ni les lois pénales ne pourront contenir les passions. Les scélérats sont de tous les temps.

II

A la veille des premières péripéties du grand duel entre l'Angleterre et la France, plusieurs crimes commis coup sur coup émurent la population de Limoges; mais ils étaient l'œuvre d'un seul individu. Ce personnage, dont une liasse des Archives des Basses-Pyrénées, notée par le regretté Auguste Bosvieux (1), retrace l'édifiante histoire, s'appelait Guillaume d'Eymoutiers, et vivait vers 1340. La débauche, le vol, le rapt, n'étaient que la menue chronique de sa vie : il fut ni plus ni moins un ancêtre de Billoir et de la Baudinaud. Ayant assassiné un marchand, pour le voler sans doute, il coupa la tête du cadavre, dépeça le corps et jeta les débris dans un cloaque où venaient se déverser les égouts de la ville, sorte de mare infecte qui croupissait presqu'aux pieds des remparts de la Cité, au-dessous de l'arbre de *Las Cossas*. Une autre fois, il jugea qu'un de ses complices, nommé Bocau, était devenu ou allait devenir gênant. Il l'attira dans un guet-apens, l'égorgea, détacha la tête du tronc et alla l'enfouir dans la vigne de l'abbesse de la Règle. Puis il coupa le corps en quartiers, qui furent recueillis un beau matin dans la rivière, sous une arche du pont Saint-Etienne, par un batelier épouvanté de sa lugubre pêche. Le même scélérat étrangla sa servante, qui sans doute en savait trop long sur son compte; voulant se débarrasser d'une autre femme, il lui garotta les pieds et les mains, l'enferma dans un sac qu'il lia solidement, et en chargea les robustes épaules d'un de ses affidés à qui il confia le soin d'aller jeter ce fardeau dans la Vienne. Par bonheur pour la victime, des parents ou des voisins, qui avaient été prévenus, coururent sur les pas du bandit et lui arrachèrent la pauvre femme à demi morte déjà.

Ajoutons un trait pour compléter l'esquisse de cette intéressante physionomie et l'aperçu de cette belle carrière, — dont nous regrettons de ne pas connaître la fin, mais qui aboutit sans doute au gibet : — Guillaume d'Eymoutiers avait, cinq cents ans avant les assassins du malheureux Fualdès, compris quel parti les malfaiteurs peuvent tirer du concours de la musique. Méditant un beau coup au cœur même de la ville, dans la rue des Taules, la plus commerçante et la plus animée de Limoges, il s'avisa d'engager des joueurs d'instruments divers, les

---

(1) E 656. Peut-être y a-t-il erreur, car l'analyse de cette liasse, à l'inventaire, ne signale pas l'affaire dont il s'agit.

disposa sur le soir à proximité de la maison où il voulait opérer, et au signal donné par lui, un concert commença. Les passants attardés souriaient sans doute en s'éloignant, et plus d'une jolie bourgeoise s'imagina que la sérénade était à son intention. En réalité, elle était à l'honneur d'un certain « *forcier* » plein d'or que Guillaume savait être déposé chez un riche marchand, et les accords des instruments, qui parfois s'élevaient du *piano* au *fortissimo*, avaient tout simplement pour mission de distraire l'attention des habitants du quartier, de couvrir le bruit des portes qu'il s'agissait de forcer et d'empêcher au besoin, si le voleur rencontrait de la résistance, d'entendre les cris des victimes. L'orchestre jouait encore, que l'audacieux voleur était loin, avec le contenu du précieux coffre.

III

Voilà certes un vilain exemplaire de l'espèce humaine, et si les documents des archives de Pau disent vrai (quelque défiance paraît permise, le mémoire où se lisent toutes ces jolies choses ayant été rédigé à l'occasion d'un procès), Guillaume d'Eymoutiers fut tout bonnement un monstre.. Mais cette série de crimes, commis par la même main, ou tout au moins à l'instigation de la même volonté, ne décèle que la perversité d'un individu : il n'est pas permis de tirer, de ces seuls faits, fussent-ils bien établis, des inductions trop générales sur l'état moral du milieu dans lequel ils se sont produits. Tout, au contraire, dénote, en dépit de certains désordres de la Cour, que la première moitié du quatorzième siècle fut encore non seulement une époque de prospérité, mais une période de sécurité et à beaucoup d'égards de repos moral. Cent ans plus tard il n'en est plus ainsi. La guerre et les misères qui forment son cortège, ont fait leur œuvre durant près d'un siècle, et suivant une expression qu'on trouve souvent sous la plume de nos pères, ont accumulé les maux sur les maux — *mala malis accumulando*. Les idées de violence et de rapine se sont de nouveau répandues, et les routiers établis dans beaucoup de nos forteresses, « vivent sur le peuple » pendant un demi siècle, et donnent aux vieux manoirs féodaux cette sombre renommée qui ne doit pas se dissiper, et qui fournira plus tard matière à tant d'absurdes déclamations contre les châteaux et leurs seigneurs, bien innocents de tous ces brigandages... La commune a vu se desserrer ses liens les plus forts : elle a perdu en union et en dévouement ce qu'elle a gagné sur certains points en liberté politique ; on verra, quand la peste sévira en 1461, les officiers du Roi obligés de rappeler les consuls à leurs devoirs. Même au sein de la famille, la division s'est glissée, et si le père est toujours armé de la même autorité, il ne trouve plus autour de lui entière obéissance. Le sentiment chrétien de la charité a lui-même faibli, et le nombre augmente sans cesse des individus s'inspirant uniquement, dans leurs calculs et dans leurs actes, du mobile de l'égoïsme individuel, pénétrés par dessus tout de la théorie anti-sociale, inhumaine, de ce qu'on appelle aujourd'hui « le combat pour la vie ». Certes, l'Ecriture sainte l'a avec raison proclamé, la vie de l'homme est un combat, mais un combat contre la matière, contre l'ignorance, contre la passion, contre le mal, son ennemi, et non pas contre l'homme, son semblable.

IV

A Limoges, un ensemble frappant de faits caractéristiques jette un jour redoutable sur l'état général des esprits au cours de la première moitié du quinzième siècle. Les crimes se multiplient. Chacun a son arme : les forts, la violence ; les faibles, la ruse et la dissimulation. Il est souvent question de pièges tendus, de coups portés, de mauvais traitements, d'actes de brutalité de toute sorte. On sent que l'atmosphère sociale est viciée. De moins en moins les citoyens se montrent prêts au sacrifice pour le bien commun ; les foyers semblent moins unis et moins respectés ; il apparaît avec évidence que le ressort de beaucoup d'âmes a faibli et que les mœurs, d'une façon générale, ont sensiblement dégénéré.

C'est surtout dans les familles de riche bourgeoisie que nous voyons se révéler le malaise moral et la désunion. Nous ne saurions entrer ici dans le détail de tous les faits particuliers qui ont concouru à nous laisser cette impression très nette. On trouverait fastidieuses l'énumération de ces faits et les considérations dont nous pourrions la faire suivre. Nous nous bornerons, pour donner une idée de l'état de la société limousine à cette époque, à rappeler quelques « causes célèbres » qu'en moins de cinq années eut à juger le Parlement séant alors à Poitiers. C'est à deux précieux registres de cette Cour (X² A 18 et X³ A 18), conservés aux Archives nationales, que nous emprunterons la plupart des faits que nous allons résumer, en complétant les renseignements puisés à cette source à l'aide d'indications tirées de nos chroniques ou de nos archives.

V

Le procès du consul Gautier Pradeau constitue un des épisodes les plus saillants et les plus dramatiques de notre histoire provinciale au moyen âge. On sait que Pradeau, originaire de Lesterps, était venu, jeune encore, semble-t-il, et avec peu de ressources, s'établir à Limoges où il entreprit un commerce. Son mariage avec Marie Vidaud lui donna l'appui d'une famille ancienne et riche, et fit de lui un personnage. Elu consul en 1412, il fut de nouveau investi de la magistrature municipale en 1416 et 1422. Cependant, sa situation pécuniaire laissait à désirer. Il dépensait beaucoup et s'occupait d'affaires très diverses, draperie, banque, etc. Il « se mesloit » même « de fait de monnoye, ou il se congnoissoit tres peu. » En 1424 ou 25 il en était aux expédients. Pour se tirer d'embarras, il résolut de s'aboucher avec Jean de Bretagne, sieur de Laigle, frère et lieutenant général du vicomte de Limoges. Celui-ci revendiquait les anciens droits féodaux de sa famille. Les habitants repoussaient avec énergie cette prétention, rappelant le don fait par la veuve de Charles de Blois de leur ville au roi Charles V (ils ne connaissaient pas la contre-lettre), et l'engagement solennel pris par le même prince vis-à-vis des bourgeois, de les garder sous sa main et de maintenir leurs consuls élus seuls maîtres et seigneurs du château de Limoges.

Aveuglé par la cupidité, et aussi, semble-t-il, par le désir d'assouvir des rancunes personnelles, Pradeau oublia les devoirs que lui imposaient l'hospitalité reçue depuis un quart de siècle et la confiance de ses concitoyens : il résolut de livrer la ville au seigneur de Laigle. Au courant de l'année 1425, il se rendait à Soubrebost, où il avait une première entrevue avec un homme de confiance de Jean de Bretagne, Elie de Peyzac; peu après il en eut une seconde à Saint-Junien ou peut-être à Saint-Julien-le-Vendonnois avec un autre émissaire de Jean, Thibaut de la Goublaye. Un traité fut signé; Gautier s'engagea à fournir au seigneur de Laigle les moyens de se rendre maître de Limoges, et le prix de la trahison fut fixé à vingt mille écus.

La réélection de Gautier au Consulat, en février 1426, le mit en mesure de tenir sa promesse. Tout fut préparé pour assurer le succès du complot, et des conciliabules se tinrent à cet effet, soit dans la maison de Pradeau lui-même, au coin de la rue Ferrerie et de la place Saint-Michel, soit dans la maison du cordonnier Jean Blanchon, qui était aussi un peu aubergiste, à l'enseigne du *Cygne d'or*, rue du Clocher.

Le 26 août, veille du jour fixé, quelques affidés de Jean de Bretagne réussirent à pénétrer isolément dans la ville. Le seigneur de Laigle, qui, en vue d'endormir la vigilance des bourgeois, leur avait demandé de l'artillerie pour aller assiéger Nanthiac auprès de Thiviers, où se trouvait une garnison anglaise, s'achemina de son côté vers Limoges et profita de la nuit pour poster une partie de ses hommes dans la vigne de Pradeau, non loin de la porte des Arènes. C'était cette porte-là que le traître, alors prévôt consul, devait faire ouvrir avant l'aube, et lui livrer. Mais l'éveil fut donné, la garde renforcée et le jour vint sans que le pont-levis s'abattît. Le sieur de Laigle dut se retirer. Quatre hommes d'armes bretons, entrés la veille dans Limoges et découverts à proximité de la porte des Arènes, furent saisis et jetés en prison par les bourgeois.

Jean de Laigle demeura une semaine sous les murs de la ville avec les 6 ou 700 hommes qu'il avait réunis pour son expédition ; mais à l'aide d'aussi faibles troupes, il ne pouvait songer à prendre Limoges de vive force : il dut se retirer.

Le complot avait échoué. La part qu'y avait prise Pradeau fut révélée par une lettre de sa main, déchirée par Jean de Bretagne dans un mouvement de colère et dont les fragments avaient été ramassés et portés à un consul. Le corps de ville s'assembla : Gautier fut appelé devant ses collègues ; on mit les preuves de sa trahison sous ses yeux. Il essaya d'abord de nier ; mais, bientôt convaincu par l'évidence, menacé d'être appliqué à la question, il se décida à tout avouer ; il remit même aux consuls le traité qu'il avait en sa possession. Livré au prévôt criminel, il eut la tête tranchée au pilori de la place des Bancs, le 3 septembre. La tête du coupable fut placée au bout d'une pique, au-dessus de la porte des Arènes. L'arrêt portait en outre que son corps serait coupé en quatre quartiers et ceux-ci exposés aux principales avenues de la ville. Enfin, ses biens étaient confisqués au profit de la commune et la valeur devait en être appliquée à la réparation des remparts.

VI

Là s'arrêtent les renseignements fournis sur cet épisode par nos chroniques et les documents de nos archives locales. Les registres du Parlement donnent, sur le caractère des faits et sur l'état des esprits à cette époque, des indications précieuses : il faut les chercher dans quelques passages du journal d'audience relatifs à un procès qui vint se greffer sur la célèbre affaire. Ce second procès n'avait laissé dans nos archives locales aucune trace, et nous n'en avons eu connaissance que par l'analyse de ses incidents consignés aux registres de la Cour.

Jean Pradeau, frère du consul exécuté, adressa une requête au Parlement pour obtenir justice de la mort de Gautier. Celui-ci, assurait-il, avait, en présence du prévôt, déclaré en appeler au Roi de la sentence qui venait d'être prononcée contre lui. Néanmoins on avait passé outre et le malheureux avait été mis à mort. Son frère relève cet appel, assigne les consuls de 1426, ceux de 1427 et les prévôt et greffier de la ville, et demande « qu'ilz soient condemnés amasser les parties du corps de Gaultier et les assembler *cum solemnitate*, et les porter a l'eglise de Saint-Martial, et a fonder une chapelle de quarante livres de rente amortie, et qu'ilz soient condemnez en amendes de dix mil livres, et chacun pour le tout, et a tenir prison jusques a satisfaction, et aussi a rendre les biens » confisqués.

La Cour avait, par un arrêt du 15 juillet 1427, ordonné que les consuls produiraient devant le Parlement les pièces du procès. L'affaire fut appelée le 10 février suivant et les plaidoiries commencèrent. L'avocat Jouvenel soutint la demande de Jean Pradeau. Sans nier expressément les faits eux-mêmes, trop bien établis, il déclara que les « lettres et pactions » données à Jean de Bretagne par Gautier. ne témoignaient pas que celui-ci eût aucune mauvaise intention à l'égard de la ville et de ses habitants ; il affirma que le malheureux consul avait été victime de la haine des jaloux et qu'en l'interrogeant, le prévôt et « les autres » lui disaient : « Vous vouliez nous perdre ; mais c'est nous qui allons vous faire mourir. » Pradeau, conclut-il, a eu pour juges ses ennemis.

Le procureur du Roi, de son côté, tout en constatant que Gautier s'était rendu coupable du crime de lèse-majesté, insistait sur ce que la connaissance de ce fait n'appartenait ni aux consuls ni à leurs officiers, et sur ce que l'appel au Roi aurait dû, dans tous les cas, suspendre l'exécution du jugement. Il conclut en requérant que les magistrats municipaux fussent « privez de leur justice a tousjours » ou tout au moins condamnés à deux mille livres d'amende envers le Roi, que le prévôt fût révoqué de ses fonctions et payât aussi une amende. Pour le reste, ses réquisitions étaient à peu près conformes aux demandes de Jean Pradeau.

Après avoir rappelé sommairement la carrière de Gautier Pradeau, les difficultés de sa situation et raconté ses

négociations avec Jean de Bretagne, l'avocat des consuls,
Moreau, fit ressortir les difficultés de la situation où se
trouvaient alors les magistrats du Château de Limoges : la
sentence avait été prononcée à un moment où les troupes
du seigneur de Laigle entouraient la ville, la tenant pour
ainsi dire assiégée, et où une partie au moins des officiers
royaux étaient à Saint-Léonard. Il ajoutait que le consul
avait voulu, au mépris de son serment, livrer la ville à
ses ennemis, mais non aux ennemis du Roi, dont Jean
de Bretagne était au contraire le serviteur loyal et fidèle.
Il n'y avait donc pas là de cas de lèse-majesté. Les consuls
ayant été mis en possession, par le Roi lui-même, en 1371,
de la pleine justice de la ville, avaient agi suivant leur devoir
et dans les limites de leur droit, en punissant un citoyen
traître à la ville, un magistrat félon et prévaricateur.

L'arrêt ne nous est pas connu. Nous savons néanmoins
que les consuls ne furent pas dépouillés de leurs prérogatives. Tout au plus le Parlement les condamna-t-il à
une amende. Ce que nous voulons retenir des renseignements fournis par le registre d'audience, c'est la vivacité
des haines personnelles qui s'accusent ici, de la part du
traître et de la part de ses ennemis, et le rôle qu'elles
semblent avoir joué dans cet épisode si connu de notre
histoire municipale. La violence des passions, l'animosité
haineuse éclatent partout, et il est permis de se deman-
der si les accusateurs et les juges n'obéirent, en cette ter-
rible occurrence, qu'au seul souci de la justice et aux
seules exigences du salut de la ville (1).

VII

Les dissensions et les inimitiés dont l'affaire résumée
aux pages précédentes porte trop visiblement la trace,
s'accusent, avec plus de relief encore, dans le procès que
Guillaume Moulin, maître de la Monnaie de Limoges,
intenta, vers la même époque, à quelques-uns des prin-
cipaux citoyens de la ville : à Jean de Julien, Guillaume
Disnematin, Etienne Benoist, Jean Quercy, Jean Pabain,
Pierre Hardy et autres. Ceux-ci ne cherchaient, préten-
dait-il, qu'une occasion de se venger de lui, les uns pour
des griefs de famille, les autres à cause de la rigidité et

(1) Arch. nationales X^a A 18, fol. 128 r°, 130 r°, 138 v°, 141 r°
et v°, 142 v° à 145. Ces textes et quelques autres documents
ou extraits relatifs à l'épisode de 1426, sont reproduits par
nous au tome II de nos *Documents sur l'histoire municipale de
Limoges*.

de la vigueur qu'il apportait dans l'accomplissement des
devoirs de sa charge de maître de la Monnaie. Il accusait
plusieurs d'entre eux d'avoir entretenu des relations avec
des ateliers monétaires autres que les établissements royaux,
fourni du métal à ces ateliers, fait des affaires avec eux,
spéculé sur la refonte des espèces, mis en circulation des
pièces de bas aloi fabriquées à Masseret ou ailleurs, et
réalisé de ce chef des profits illicites. Il ajoutait même
que Pierre Hardy « affinoit a part a son hostel ». Moulin
s'était, comme il le devait, efforcé d'entraver des opéra-
tions interdites par les ordonnances royales, contraires
à l'intérêt général et qui avaient pour conséquence de
« peupler tout le pays de monnoie qui n'estoit pas
bonne ». On ne le lui avait pas pardonné. Jean de Julien
et quelques autres jurèrent de le perdre : ils répandirent
le bruit que Moulin était un des complices de Pradeau et
qu'il avait pris, lui aussi, vis-à-vis du seigneur de Laigle,
des engagements préjudiciables aux intérêts de la commune et à son indépendance. Ils sollicitèrent le procureur et les gens du Roi de commencer, à raison de ces
faits, une information contre le maître de la Monnaie, et
comme les magistrats royaux refusaient d'épouser leurs
ressentiments et de se conformer à leurs désirs, ils avaient,
c'est du moins Moulin qui le prétendait, fait secrètement
et à leurs frais commencer, par le notaire Bréau, une enquête dans laquelle on n'avait guère appelé comme
témoins que les ennemis jurés du prétendu complice de
Pradeau. A diverses reprises, ses persécuteurs tentèrent
d'ameuter le peuple contre lui. On trouva un jour, à une
des portes de la ville, un placard annonçant que « en
ycelle ville avoient aucuns qui la debvoient trahir ». Les
ennemis de Moulin dirent alors qu'il existait déjà une
enquête à ce sujet et ils voulaient faire donner publique-
ment lecture des témoignages recueillis par Bréau. Guillaume Disnematin avait affirmé au Consulat que cette
enquête faisait peser de graves soupçons sur le maître
de la Monnaie et ce propos avait été répété dans la ville.
Jean Pabain affirmait de son côté que Moulin aurait
dit : « Un grand seigneur viendra en la ville et prendra
Guillaume Disnematin et autres notables ». Une autre
fois, plusieurs bourgeois avaient dit à haute voix, en dé-
signant le maître de la Monnaie : « Nous avons icy celuy
qui doit trahir la ville ». Le peuple, encore sous l'impression de la tentative de Jean de Bretagne et de la trahison
de Pradeau, se laissait aisément aller à ajouter foi à ces
accusations. Plus d'une fois, Moulin avait été insulté,
menacé et avait couru de sérieux dangers. Il faisait néan-

moins bonne contenance, et malgré les supplications de sa femme et de ses amis, refusait de laisser, en quittant la ville, le champ libre à ses ennemis qui n'auraient pas manqué de tirer parti de sa fuite et de la représenter comme un aveu de sa culpabilité. Il protestait énergiquement de son innocence, et comme quelques-uns de ses adversaires articulaient un jour leurs accusations en sa présence : « Plût à Dieu, répondit-il, que chacun eût toutes ses actions inscrites sur sa poitrine. Le peuple saurait la vérité et connaîtrait qui est prud'homme, de vous ou de moi. »

Toutefois, la situation devenait intolérable. Un jour que Moulin était de garde à une des portes, Etienne Benoît qui était, semble-t-il, consul à ce moment, lui cria : « Retirez-vous d'ici, traître ! Vous avez fait serment au seigneur de Laigle. » Un autre renchérit et déclara qu'il abandonnait son poste si Moulin ne rentrait chez lui. La foule commençait à s'assembler et devenait menaçante. Le maître de la Monnaie dut quitter la place, et depuis « il fut ordonné que Moulin ne yroit plus au guet, ne a la porte ».

Celui-ci, outré, adressa une plainte au Parlement, demandant que ses adversaires fussent condamnés à des dommages-intérêts et à faire amende honorable en confessant qu'ils l'avaient « faussement et maulvaisement, a tort et sans cause accusé ».

VIII

Nous avons jusqu'ici résumé les griefs de Moulin ; il faut écouter ceux de ses adversaires, qui furent présentés par Moreau, le défenseur des consuls dans le procès intenté par Jean Pradeau aux magistrats municipaux. Ils affirmaient que le maître de la Monnaie leur était suspect à bon droit : il avait des relations suivies avec le seigneur de Laigle, et quand les gens de ce dernier venaient à Limoges, ils logeaient d'ordinaire chez lui. Le plaignant était, d'ailleurs, d'après eux, « homme noisif et rioteux », qui avait eu querelle avec toute la ville et était universellement détesté. C'était pour le sauver de la fureur du peuple déjà ameuté contre lui qu'Etienne Benoît l'avait engagé à quitter la garde ; et quant à la déclaration faite par un des citoyens présents qu'il ne demeurerait pas au corps de garde si Moulin y restait, elle avait été provoquée par la singulière attitude de ce dernier lui-même. Le maître de la Monnaie devait, d'après le rôle, monter la garde le samedi ; or, il était venu au corps de garde le jeudi et prétendait ce jour-là faire son service : prétention qui, dans une ville serrée de près par l'ennemi, entourée d'embûches, et au lendemain de la découverte du complot de Pradeau, devait tout naturellement éveiller les soupçons. Il va sans dire que les adversaires de Moulin protestaient contre toutes les imputations du plaignant qu'ils proclamaient calomnieuses. Ils n'avaient aucun participé aux refontes irrégulières de monnaies : ils avaient cessé, il est vrai, toute affaire avec l'atelier que dirigeait Moulin, mais le caractère difficile de celui-ci avait éloigné tout le monde de la Monnaie, où on ne voyait plus aucun marchand soit de la ville, soit du dehors.

Bien que le procureur du roi se fût joint, comme on l'a vu, au plaignant et qu'il eût demandé une fois de plus que le roi enlevât aux consuls la justice de la ville, l'affaire paraît n'avoir eu aucune suite. Peut-être admit-on la prescription, qu'avait du reste plaidée l'avocat des adversaires de Moulin (1). Il faut bien que le maître de la Monnaie aimât a « rioter » et à plaider; car on le trouve peu de temps après embarqué dans un autre procès avec le commissaire chargé de vérifier sa gestion. Celle-ci n'était point aussi irréprochable que Moulin le prétendait, puisque lui-même accuse le commissaire d'avoir voulu l'emprisonner (2). Cette seconde affaire paraît du reste sans grand intérêt.

IX

Une autre cause limousine occupa le Parlement aux premiers mois de 1430. La maison de Jean Bayart, cette même « Bayardière », sans doute, ce « bâtiment des Julien » si connu, où furent reçus des personnages royaux, Charles VII notamment, et qui devint plus tard église, couvent, salle de spectacle, établissement de bains, magasins d'accessoires, école supérieure (la Bibliothèque communale est construite sur son emplacement), — avait été le théâtre d'un crime sur lequel les registres de la cour fournissent des indications assez confuses. Ce qui ressort de ces renseignements, c'est que la justice s'était transportée dans cette maison pour y examiner les cadavres de trois femmes dont la mort mystérieuse avait été certainement causée par un crime. Ces trois corps avaient été trouvés dans la même chambre, couverts de raies « vertes, rouges et d'aultres diverses couleurs ». Le bruit public était qu'on les avait empoisonnées : on rapportait même qu'elles

(1) Arch. nat., X² A 18, fol. 166 r°, 169 v°, 171 r°, 188 v°, 251 r°.
(2) *Ibid.*, fol. 282 r°.

avaient « vomy venin » avant de rendre le dernier soupir. L'hypothèse d'une asphyxie involontaire ou volontaire avait été émise ; mais comment cette tragique aventure aurait-elle pu être causée par « feu de charbon »? Aucun feu n'était allumé dans la pièce où elles avaient trouvé la mort. Deux personnes avaient été soupçonnées, toutes les deux appartenant à la plus riche bourgeoisie : Guillaume Moulin, le maître de la Monnaie, que nous venons de voir en butte à tant d'inimitiés, et Jean de Sandelles. Moulin avait visité les victimes peu d'heures, semble-t-il, avant leur mort : on l'accusa de leur avoir « porté de la pouldre, qu'il print chez un sien voisin ». Mais il faut croire que la chose n'était pas bien établie, car le prévenu fut élargi par les magistrats. Le fils de Sandelles ayant été battu par l'une des victimes, Marguerite de La Chalm, le père avait à plusieurs reprises frappé cette femme avec violence. Il le confessa lui-même ; mais il ne s'ensuivait pas qu'il fût son meurtrier. Le dénouement de cette affaire ne nous est pas connu ; mais ce que nous en apprennent les registres du greffe né montre pas sous un jour avantageux les mœurs de nos bourgeois de la classe la plus élevée (1).

X

Le procès intenté par les enfants de Jeanne Colomb au second mari de leur mère, Etienne Benoist, qu'ils accusent tout simplement d'avoir tué celle-ci, ne laisse pas, quand on a parcouru les pages du registre contenant le résumé des audiences (2), une moins fâcheuse impression. Bien que l'accusation ne soit appuyée sur aucun fait précis et que Benoist, acquitté par les juges de Limoges, gagne son procès contre ses accusateurs devant le Parlement de Poitiers, le jour ouvert par cette affaire sur l'intérieur du riche bourgeois n'éclaire ni le bonheur domestique, ni l'union. Le foyer paraît agité par des querelles que l'autorité du chef de famille ne suffit pas à calmer. Les mœurs sont rudes et brutales. Etienne a frappé plusieurs fois sa femme, le fait ressort de ses déclarations mêmes ; Marot de Betous, le premier mari de Jeanne Colomb, un gros financier, « la battoit souvent » lui aussi. Il apparaît clairement que le maintien de la paix est devenu difficile au foyer, où la discipline commence à se relâcher : nous avons souligné, dans le livre de raison du même Etienne Benoist, des paroles amères à l'adresse de son

<hr>

(1) X⁸ A 18, fol. 188 v°, 252 v°, 253, etc.
(2) X⁸ 318, 320 r° à 324 r°.

second fils, qui a secoué le joug de l'autorité paternelle et quitté la maison (1).

La violence et la brutalité qui se manifestent dans les rapports entre concitoyens et entre membres de la famille se retrouvent dans les relations entre les corporations, les communautés, les groupes de tout genre, en particulier dans les relations entre les pouvoirs locaux, dont le rôle grandit sans cesse avec l'influence, et l'autorité ecclésiastique désarmée et devenue impuissante à défendre ses prérogatives. Les consuls de Limoges témoignent à maintes reprises de sentiments hostiles à l'égard du clergé. Quand un prêtre se rend coupable d'un délit, les officiers de l'Hôtel de Ville lui font subir les pires affronts et le jettent dans leurs geôles, refusant de le remettre à l'évêque, malgré toutes les réclamations de ce dernier ; ils tiennent à faire éclater au grand jour l'indignité du coupable. On voit, par exemple, un dimanche de l'année 1459, les magistrats municipaux conduire eux-mêmes au « claveau », — au pilori sans doute, — un malheureux clerc, tête nue et robe retroussée, escorté du bourreau et suivi de « quatre mille compagnons » dont les clameurs, les vociférations et les huées épouvantent les quartiers que traverse ce sauvage cortège. Il est vrai que ces violences étaient quelquefois provoquées par de graves scandales.

Les pièces des archives publiques et les documents intimes s'accordent pour témoigner des misères morales comme des désastres matériels que connut cette époque troublée. Tristes temps ! Temps douloureux que ceux que nos pères vécurent alors. Dans les grandes catastrophes, les forces sociales sont réduites à l'impuissance ; les freins moraux se relâchent, et la bête féroce qui sommeille au fond de beaucoup d'âmes humaines peut élever la voix et donner carrière à ses instincts pervers. Il y a comme des interruptions de la civilisation où le sauvage et la brute soudain reparaissent. Ils sont et seront toujours là ; car le fond de l'humanité ne change guère. Les belles théories de Jean-Jacques sur la bonté naturelle de l'être humain, sa droiture et sa générosité innées ne sont pas seulement démenties par l'expérience des mères, des nourrices, des maîtres, en un mot de tous les éducateurs et les constatations de tous les observateurs ; l'histoire entière proteste contre ces décevantes et dangereuses doctrines : l'histoire d'autrefois comme celle des temps plus rapprochés de nous, celle d'hier et celle, hélas ! d'aujourd'hui.

(1) *Livre de raison d'Etienne Benoist.* — Limoges, V° Ducourtieux, 1882, p. 23, 24.